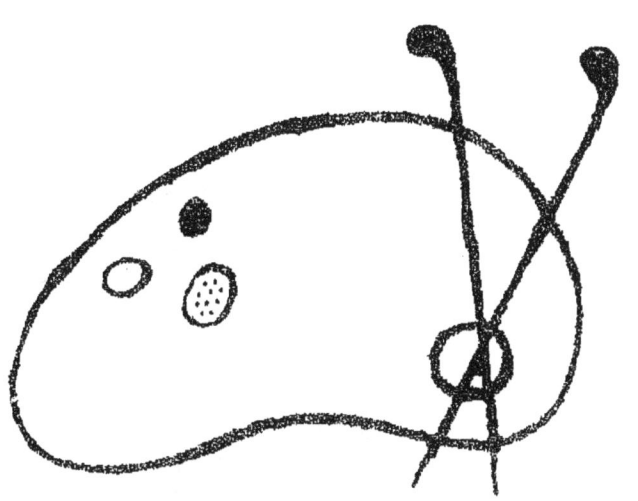

Début d'une série de documents
en couleur

LES SÉPULTURES

DE L'ABBAYE DE ST-MARTIN-LES-LIMOGES

et la Crosse de l'Archevêque Geoffroi

PAR

Louis GUIBERT

Secrétaire général de la Société archéologique et historique du Limousin

LIMOGES
IMPRIMERIE ET LIBRAIRIE LIMOUSINES
Vᵉ H. DUCOURTIEUX
7, RUE DES ARÈNES, 7

1898

OUVRAGES DU MÊME AUTEUR :

Le Château de Châlucet (avec un plan). — Limoges, Sourilas-Ardillier, 1863 (2ᵉ édit., revue et augmentée, 1871).
Crucifixa. — Paris, Dentu, 1863.
Rimes franches. — Paris, Librairie centrale, 1864.
Dolentia. — Paris, Librairie centrale, 1865.
Légendes du Limousin. — Paris et Tournai, Casterman, 1864, 1866 et 1876.
Limoges et le Limousin. — Paris et Tournai, Casterman, 1868 et 1875.
Quelques notes sur la surveillance légale, lettre à un député. — Paris. F. Henry, 1870.
Les Employés de Préfecture. — Paris, F. Henry, 1870.
L'Assemblée du 8 février et la Loi électorale. — Lyon, Josserand, 1871.
Un Journaliste Girondin. — Limoges, Sourilas-Ardillier, 1871.
De la Grève, du Travail et du Capital, conférence faite à une Association ouvrière de Lyon, le 30 mai 1870 (extrait de la *Décentralisation*). — Lyon, Josserand, 1871.
Questions électorales. — Paris, E. Lachaud, 1871.
Notes de Voyage (Mauvais jours, Ex intimo, Poésies diverses). — Paris, E. Lachaud, 1872.
La Crise des subsistances et les emprunts de la période révolutionnaire à Limoges (extrait de l'*Almanach limousin*). — Limoges, Vᵉ Ducourtieux, 1873.
Monuments historiques de la Haute-Vienne, rapport de la Commission de la Société archéologique et historique du Limousin (extrait du *Bulletin* de cette Société). — Limoges, Chapoulaud frères, 1874.
Assurances sur la Vie, notions pratiques. — Limoges, Vᵉ Ducourtieux, 1876.
Une page de l'histoire du Clergé français au xviiiᵉ *siècle. Destruction de l'ordre et de l'abbaye de Grandmont*. Carte des maisons de l'ordre. — Limoges, librairie Vᵉ Ducourtieux et Paris, librairie Champion, 1877. 1 vol. in-8° (*Épuisé*).
Rimes couleur du temps. — Paris, Dentu, 1877.
Sceaux et armes de l'Hôtel-de-Ville de Limoges. Sceaux et armes des villes, églises, cours, etc., des trois départements limousins. — Limoges, Chapoulaud, 1878.
Le Parti Girondin dans le département de la Haute-Vienne (extrait de la *Revue historique*). — Paris, 1878.
Les Pénitents (extrait de l'*Almanach limousin*). — Limoges, Vᵉ Ducourtieux, 1879.
Les Confréries de Pénitents en France et notamment dans le diocèse de Limoges (avec un dessin) — Limoges, Vᵉ Ducourtieux, 1879.
Coutumes singulières de quelques confréries et de quelques églises du diocèse de Limoges. — Limoges, Chapoulaud frères, 1879.
Anciens registres des paroisses de Limoges. — Limoges, Chapoulaud frères, 1881.
France ! chants, poèmes et paysages (avec MM. G. David, A. Hervo, P. Mieussel et A. Tailhand). — Paris, P. Ollendorff, 1881.
Les Hôtels-de-Ville de Limoges (extrait de l'*Almanach limousin*). — Limoges, Vᵉ Ducourtieux, 1882.
Le Livre de raison d'Étienne Benoist (1426). Avec un fac-similé. — *Ibid.*, 1882.
L'Orfèvrerie limousine au milieu du xviiᵉ *siècle* (extrait du journal l'*Art*.) Paris, 1882.
Les Dettes de la ville de Limoges et le Conseil municipal. — Limoges, A. Ussel et G. Tarnaud, 1882.
L'Eau de ma Cave, deuxième lettre à la municipalité et au Conseil municipal. — Limoges, A. Ussel et G. Tarnaud, 1882.
Le Tombeau de Guillaume de Chanac, à Saint-Martial de Limoges (extrait du *Cabinet Historique*). Paris, Champion, 1882 — Réédition, Tulle, Crauffon, 1883.
La Famille limousine d'autrefois, d'après les testaments et la Coutume. — Limoges, librairies Vᵉ Ducourtieux et Leblanc, 1883.
Quelques notes extraites du Cartulaire d'Aureil. — Tulle, Crauffon, 1883.
Les Corporations de métiers en Limousin et spécialement à Limoges (extrait de la *Réforme sociale*). — Paris et Limoges, Ducourtieux, 1883.

OUVRAGES DU MÊME AUTEUR *(suite)*

Les Confréries de dévotion et de charité et les œuvres laïques de bienfaisance à Limoges, avant le XVe *siècle* (extrait du *Cabinet historique*). — Paris, Champion, 1883.

Le Prédicateur Menauld (extrait de l'*Almanach limousin*). — Limoges, Ve Ducourtieux, 1884.

Commentaires d'Etienne Guibert sur la Coutume de Limoges (1628) *avec une note sur les différents textes de cette Coutume*. Limoges, Société générale de papeterie, 1884.

Le Bénédictin Dom Col en Limousin. — Limoges, Ve Ducourtieux, 1884.

La Ligue à Limoges (1589). — Limoges, Ve Ducourtieux, 1884.

Journal du Consul Lafosse (1649). — Limoges, Ve Ducourtieux, 1884.

Registres Consulaires de la ville de Limoges, 1508-1790, publié sous les auspices de la Société archéologique et historique du Limousin : publication commencée par M. Emile Ruben, secrétaire général de cette Société et continuée par M. L. Guibert, vice-président, 6 vol. in-8°, 1867-1898.

L'Orfèvrerie et les Orfèvres de Limoges (dessins). — Limoges, Ve Ducourtieux, 1885.

La Corporation Limousine : ses caractères, son rôle, phases principales de son histoire. Rapport présenté au Congrès des œuvres catholiques tenu à Limoges (août-septembre 1885). — Extrait de *LaControverse et le Contemporain*. — Limoges, Ve Ducourtieux, 1885.

Sceaux et Armes des deux villes de Limoges et des villes, églises, cours, etc. Supplément. — Limoges, Ve Ducourtieux, 1885 (dessin de M. Bourdery).

Les Emigrés Limousins à Quiberon. — Limoges, Ve Ducourtieux, 1885.

Des formules de date et de l'époque du commencement de l'année en limousin. Tulle, Crauffon, 1886.

Les Enclaves Poitevines du diocèse de Limoges (carte). — Limoges, Ve Ducourtieux, 1886.

Les Foires et Marchés limousins aux XIIIe *et* XIVe *siècles* (extrait de l'*Almanach limousin*). — Limoges, Ve Ducourtieux, 1887.

Le Limoges d'autrefois, sa physionomie, ses habitants, ses mœurs, ses institutions. — Limoges, Ve Ducourtieux, 1887.

Châlucet (6 dessins de M. F. de Verneilh et plan). — Ibid., 1887, un vol. in-8°.

Les Tours de Chalucet (6 dessins de M. F. de Verneilh et plan). — Ibid., 1887.

La Société archéologique de Limoges à l'Exposition de Tulle, dessin de M. Louis Bourdery). — Limoges, L. Boyer et Ve Ducourtieux, 1887, in-18.

Le Budget de la ville de Limoges au moyen-âge — Ibid., 1888, in-18.

La dette Beaupeyrat. — Ibid., 1888, in-18.

Le Livre de Raison des Baluze. — Ibid., 1888, in-8°.

L'orfèvrerie et les émaux d'orfèvre à l'Exposition de Limoges, en 1886. — Ibid., 1888, in-8° (2 dessins).

Peintures murales de l'église de Saint-Victurnien. — Ibid., 1888, in-8° (dessin).

L'Ecole monastique d'orfèvrerie de Grandmont et l'autel majeur de l'église abbatiale. — Ibid., 1888, in-8°.

Exposition rétrospective de Limoges, 1886. — Photographies par Mieusement, texte par L. Guibert (50 planches). Paris, G. Chamerot, in-fol., 1887.

Un mariage à Limoges en 1687. — Limoges, Ve Ducourtieux, 1887 (deux éditions).

Exposition de Limoges : L'Art rétrospectif, par MM. L. Guibert et Jules Tixier. — Ibid., 1888 (104 planches).

Catalogue des manuscrits de la Bibliothèque communale de Limoges (t. IX du Catalogue général des manuscrits des Bibliothèques publiques de France. Départements). — Paris, Plon et Nourrit, 1888.

Le Graduel de la Bibliothèque de Limoges, (extraits du *Bulletin du Comité des travaux historiques*). — Paris, 1888.

Livres de raison, Registres de famille et Journaux individuels limousins et marchois. (publ. avec le concours de MM. A. Leroux, P. et J. de Cessac et l'abbé Lecler). — Limoges, Ve Ducourtieux et Paris, Alph. Picard, 1888.

Anciens statuts du diocèse de Limoges (extrait du *Bulletin du Comité des travaux historiques*). — Paris, E. Leroux, 1889.

L'Instruction primaire en Limousin sous l'ancien régime. — Limoges, V° Ducourtieux, 1889.
Les Cahiers de la Marche et du Limousin en 1789. — Ibid., 1889.
Monuments historiques de la Haute-Vienne. Rapport de la Commission nommée par la Société archéologique du Limousin. — Ibid., 1889.
Association des anciens élèves du Lycée de Limoges. Banquet du 27 novembre 1889. Toast au Lycée de Limoges. — Ibid., 1890.
Notice sur le Cartulaire de l'abbaye cistercienne d'Obazine. — Tulle, Crauffon, 1890.
Les syndics du commerce à Limoges. — Limoges, V° Ducourtieux, 1890.
Les communes en Limousin, du XII° au XV° siècle (extrait de la *Réforme*). — Ibid., 1891.
La commune de St-Léonard de Noblat au XIII° siècle (plan). — Limoges, V° H. Ducourtieux, et Paris, Alph. Picard, 1891.
Les Institutions privées et les Sociétés d'économie, d'épargne et de crédit à Limoges (extrait de la *Réforme sociale*). — Paris, Société d'Économie sociale, 1891.
De l'importance archéologique des Livres de raison (Congrès de la Société française d'archéologie tenu à Brive en 1890). — Caen, Henry Delesques, 1892.
Le troisième mariage d'Etienne Benoist. — Limoges, Ducourtieux, 1892.
Les Manuscrits du Séminaire de Limoges (notice et catalogue). Ibid., 1892.
La monnaie de Limoges — Ibid., 1893.
Collections et collectionneurs Limousins : la collection Taillefer. — Ibid., 1893 (un dessin de M. Jules Tixier).
Les premiers imprimeurs de Limoges. — Ibid., 1893.
Laron : topographie, archéologie, histoire (plan). — Ibid., 1893.
Reliquaires Limousins : types, formes et décor. — Tulle, Crauffon, 1895.
Nouveau recueil de Registres domestiques Limousins et Marchois, avec le concours de MM. Alfred Leroux, J.-B. Champeval, l'abbé Lecler et Léonard Mouffe. Tome I°° Ibid., 1895.
Ce qu'on sait de l'enlumineur Evrard d'Espinques. — Guéret, Amiault, et Limoges, V° H. Ducourtieux, 1895.
Les anciennes confréries de la basilique de Saint-Martial. — Ibid., 1895.
Le Consulat du Château de Limoges au moyen âge. — Ibid., 1895.
Reliquaires limousins, types, formes et décors. — Tulle, Crauffon, 1895.
Ce que coûtait au XIV° siècle le tombeau d'un cardinal. — Paris, Plon, Nourrit et C°, 1895.
Le Consulat du Château de Limoges au moyen âge. — Limoges, V° Ducourtieux, 1895.
La Pierre dite de Saint-Martin, à Jabreilles. — Ibid., 1896.
Prédicateurs et prédications d'autrefois. — Limoges, in-32, 1897.
Limoges qui s'en va : 1. Le quartier Viraclaud ; 2. Le Verdurier, Vieille-Monnaie, Arbre-Peint, Rafilhoux. (Extrait de la *Gazette du Centre*). — Limoges, Perrette, 1897.
Documents, analyses de pièces, extraits et notes relatifs à l'histoire municipale des deux villes de Limoges, deux volumes in-8 (tomes VII et VIII de la série : *archives anciennes* publiée par la Société des Archives historiques du Limousin). — Limoges, F. Plainemaison, in-8°, 1897. — Le second volume est sous presse.
Les archives de famille des Péconnet de Limoges. — Limoges, V° Ducourtieux, 1898.

Limoges. — Imp. V° H. Ducourtieux, 7, rue des Arènes.

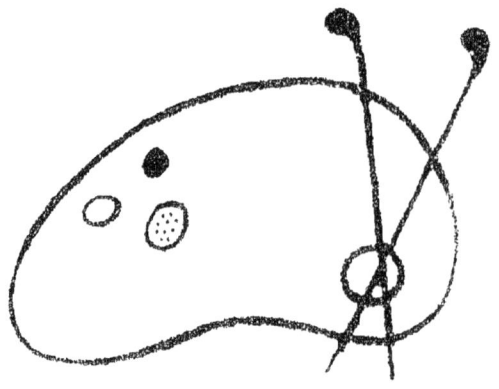

Fin d'une série de documents
en couleur

LES SÉPULTURES

DE L'ABBAYE DE SAINT-MARTIN-LES-LIMOGES

et la Crosse de l'Archevêque Geoffroi

LES SÉPULTURES

DE L'ABBAYE DE ST-MARTIN-LES-LIMOGES

et la Crosse de l'Archevêque Geoffroi

PAR

Louis GUIBERT

Secrétaire général de la Société archéologique et historique du Limousin

LIMOGES
IMPRIMERIE ET LIBRAIRIE LIMOUSINES
Vᵉ H. DUCOURTIEUX
7, RUE DES ARÈNES, 7

1898

LES SÉPULTURES

DE L'ABBAYE DE SAINT-MARTIN-LES-LIMOGES

et la Crosse de l'Archevêque Geoffroi

L'hôtel du commandant en chef du 12° corps d'armée, à Limoges, a été édifié de 1863 à 1868 pour servir de résidence au général chargé du commandement de la 21° division militaire. Ses constructions, cours et jardins couvrent une partie de l'emplacement de la très ancienne abbaye de Saint-Martin-lès-Limoges, qui, depuis 1622, était occupée par des religieux de la congrégation des Feuillants (réforme de Citeaux). Toutefois, l'église et les bâtiments réguliers qui subsistaient encore en 1860, s'étendaient jusque sur les terrains de la rue actuelle des Feuillants ; peut-être même empiétaient-ils sur l'île où a été construite la première école laïque convenablement installée qu'ait possédée notre ville.

Ces bâtiments se composaient de deux grands corps de logis, soudés à angle droit par leur extrémité, à 30 ou 40 mètres de la place Jourdan actuelle. Le moins long, celui dont la façade regardait la place, était à peu près parallèle à la façade du quartier général ; le principal allait du sud-est au nord-ouest, suivant la direction actuelle de la rue d'Isly : Ce dernier avait sa façade sur un jardin avec terrasse, au-devant duquel s'étendait une belle prairie.

Le couvent des Feuillants avait été reconstruit vers le milieu du dix-septième siècle. Les travaux commencèrent, suivant l'abbé Legros, en 1638 ou 1639. Aussi ces constructions se trouvaient-elles en assez bon état à la fin du siècle dernier. Les deux grands corps de logis dont nous venons de parler, bordaient le cloître au nord-est et au sud-est. L'église formait le troisième côté de la cour, le côté nord-ouest, et se trouvait reliée, à angle aigu, au corps de logis principal, par une construction irrégulière, reste peut-être de l'ancien monastère. Aucun bâtiment ne fermait le quatrième côté de la cour.

Le cloître, à plein cintre, était moderne et n'offrait aucune particularité digne de remarque.

L'église, assez vaste, avait été « ajustée », pour employer l'expression du P. Bonaventure de Saint-Amable, à l'ancien moûtier, c'est-à-dire qu'elle en occupait l'emplacement, mais on l'avait presque entièrement reconstruite. La première pierre du nouvel édifice fut posée le 25 juin 1650. C'est sous un arceau voisin de l'église et muré au dernier siècle, que se voyait le monument dit du *Bon Mariage*, actuellement au Musée de Limoges

Les bâtiments de l'abbaye de Saint-Martin furent acquis, en 1791, par M. Barbou des Courières, qui y installa son imprimerie. Mesdemoiselles de Brettes, qui, après la fin de la crise révolutionnaire, avaient fondé un pensionnat de jeunes filles dans l'ancien monastère de Saint-Augustin, vendirent cet immeuble à l'Etat et achetèrent en 1810, au prix de 90,000 fr., le couvent des Feuillants avec son enclos ; elles y transférèrent leur établissement qui, durant près d'un demi siècle, jouit dans toute la région d'une estime et d'une réputation méritées. A la mort de la chanoinesse de Brettes seulement, en 1860, ses héritiers morcelèrent la propriété : une partie fut cédée à la ville de Limoges, qui y ouvrit tout un quartier nouveau ; le reste fut vendu à des particuliers.

L'abbaye de Saint-Martin, dont la tradition, confirmée du reste par le témoignage de nos chroniques, attribue la fondation soit à Alicius, frère de saint Eloi, soit à saint Eloi lui-même et aux parents du célèbre évêque-orfèvre, Eucher et Terrigie, avait été construite à peu de distance de la Cité de Limoges vers l'an 640. Ce fut, dit-on, leur propre habitation que les membres de cette pieuse famille consacrèrent au service de Dieu. Quand une seconde agglomération se forma, au cours des IXe et Xe siècles, autour du tombeau de saint Martial et de l'église bâtie sur cette illustre sépulture, le monastère de Saint-Martin, qu'on désignait alors sous le nom de *Monasterium ad Basilicam* et qui était déjà occupé par une communauté de moines, se trouva placé aux portes mêmes de la nouvelle ville. Cette situation pouvait offrir certains avantages ; mais elle avait surtout des inconvénients et des dangers (1). Cha-

(1) Et quod locus juxta muros Castri fuit positus, propter hoc majora damna fuit passus. (Manuscrit latin 5452 de la Bibliothèque nationale).

que fois que le Château de Limoges était menacé d'une attaque, et le cas se présenta souvent du xᵉ au xviiᵉ siècle, la garnison ou les hommes de la commune envahissaient les bâtiments de l'abbaye, qui devenait un des postes avancés de la place. La ville était-elle pressée par l'ennemi et celui-ci avait-il réussi à contraindre les habitants de se renfermer entre leurs murailles : l'assiégeant s'établissait aussitôt à Saint-Martin, dont les dépendances s'étendaient jusqu'à la contrescarpe des fossés de l'enceinte. On plantait des palissades, on élevait des retranchements, on creusait des tranchées, des approches, des chemins couverts, et, en remuant cette terre toute pleine de tombeaux, on troublait le repos des morts dont les restes avaient été confiés à ce lieu sacré.

D'autres fois, à la suite de quelque différend entre les bourgeois et les religieux — et ils étaient trop proches voisins pour ne pas avoir souvent querelle — une troupe de gens du Château pénétrait de force dans le monastère, le mettait littéralement au pillage, coupait les conduits qui y amenaient l'eau, brisait les meubles et se livrait à toute sorte d'excès, n'épargnant pas plus les morts que les vivants, fouillant les tombeaux et dispersant les ossements que des mains sacrilèges en avaient arrachés. C'est ce qui arriva le 22 mai 1326. Ce jour-là, pendant la procession de la Fête-Dieu, les consuls de la ville, suivis d'une foule armée, firent irruption dans l'enclos de Saint-Martin, s'introduisirent de là dans le cloître, y commirent d'importants dégâts et violèrent ou détruisirent un certain nombre de sépultures. Un arrêt du Parlement du 29 mars 1327 condamna les magistrats municipaux à une réparation publique (1). L'exécution de cette sentence paraît avoir produit une profonde impression, et à l'hôtel de ville on en garda le souvenir ; mais le temps efface tout, et les magistrats réussirent à faire prendre pour un acte spontané de dévotion ce qui n'était que l'exécution de l'arrêt rendu contre eux.

Le monastère avait traversé de telles vicissitudes, subi de si complètes transformations ; ses bâtiments avaient été tant de fois modifiés, réparés ou même totalement reconstruits (Saint-Martin fut, dit-on, *dix-huit fois* détruit) ; son église si souvent remaniée ; ses divers cimetières en tant de circonstances fouillés, que les religieux, dès le xiiiᵉ siècle, ne conservaient pas un souvenir bien précis des grands personnages inhumés sous leur garde, non plus

---

(1) Archives du département de la Haute-Vienne, fonds de Saint-Martial, nᵒ 2945 provisoire.

que du lieu de la sépulture de ceux dont, par aventure, ils n'avaient pas oublié les noms. Il ne nous reste pas d'obituaire de quelque importance de notre abbaye, et il n'est pas bien sûr qu'au temps de Pierre Coral, longtemps religieux de cette communauté et le mieux informé de nos chroniqueurs, les nécrologes de la maison fournissent des mentions bien anciennes et bien sûres. Toutefois, nombreuses devaient être les personnes de distinction qui avaient demandé au monastère, en échange de quelque libéralité, le repos de leur dernier sommeil. Saint-Martin avait eu des bienfaiteurs magnifiques, des amis puissants. L'abbaye possédait de précieuses prérogatives. Les évêques de Limoges, après leur élection, lui appartenaient un instant. Ils devaient, avant de prendre possession de leur siège, se rendre à Saint-Martin (1) où il semble bien qu'ils fissent, à une certaine époque, une sorte de retraite. Peut-être même reçurent-ils plus d'une fois la consécration épiscopale dans l'église de ce monastère. C'est de là qu'on les conduisait processionnellement à leur cathédrale pour les introniser. — Les caveaux d'un tel sanctuaire, le cimetière d'une telle abbaye ne devaient pas manquer d'hôtes illustres.

On peut dire au surplus que toute la région à l'entour de Saint-Martin avait, de temps immémorial, servi de cimetière. A deux cents mètres à l'ouest, les disciples de Saint-Martial ensevelirent l'apôtre auprès de la vierge Valérie et du fiancé de celle-ci, le légendaire Tève le Duc. A moins de distance encore, à l'est, dans la petite église de Saint-Paul, reposèrent longtemps les restes de deux évêques de Limoges, saint Ferréol et saint Asclèpe, auprès desquels d'autres notables personnages, sans doute, avaient été aussi inhumés. Trois cents mètres plus bas, le monastère de Saint-Augustin, fondé au v° siècle par un autre successeur de l'apôtre d'Aquitaine, Rorice I, s'élevait sur les terrains mêmes que saint Martial avait, dès le temps du Christianisme naissant, choisis et consacrés pour le lieu de sépulture des membres de son clergé et des fidèles de sa ville épiscopale (2). Rorice bénit le nouveau cimetière et établit des prêtres spécialement chargés des funérailles. Là furent déposés,

---

(1) Dominus episcopus Lemovicensis, quando est consecratus, primo debet venire ad ecclesiam Sancti Martini quando venit Lemovicas, et hinc vadit ad ecclesiam cathedralem..... processione. (Bibl. nationale, man. lat. 12.746, p. 541).

(2) Quo quidem in loco, ut traditur ab antiquis, Beatus Martialis instituit sepulturam tam clericorum quam civium (Bernard Gui : *Nomina et Gesta Lemovicensium episcoporum*).

auprès du corps du fondateur de l'abbaye, les restes de la plupart des évêques de Limoges, du v⁰ au xiiᵉ siècle (1).

On ne voit pas qu'avant Hilduin, qui occupa le siège épiscopal de 990 à 1011 (al. 1012), aucun de nos évêques ait été enterré à Saint-Martin. De ce prélat, le monastère gardait avec une affection toute spéciale le souvenir. C'était à juste titre : Hilduin avait relevé la maison de ses ruines et l'avait fait reconstruire. Sur ses instances, dit-on, le pape avait accordé au chef de la communauté le droit de porter la mitre et la crosse. Aussi, lorsqu'en 1182, à l'approche du roi Henri II et de ses troupes, les religieux de Saint-Martin furent obligés d'abandonner leur abbaye, vouée à la destruction, pour se réfugier derrière les remparts du Château et demander asile à leurs confrères de Saint-Martial, un moine dévoué enleva-t-il les ossements d'Hilduin avec ceux d'un abbé du monastère du nom de Donadeus. En apprenant la venue du père du « roi jeune » à qui leur vicomte les avaient forcés de prêter serment, les bourgeois ne se bornèrent pas à détruire le clocher de l'église abbatiale pour empêcher les soldats du prince de s'y établir ; ils brûlèrent l'église elle-même, les bâtiments du monastère, ses dépendances et le bourg qui l'entourait (2).

Un demi-siècle plus tard, en janvier 1242 v. st. (1243) — ou 1240, — comme on travaillait à relever les constructions de Saint-Martin, les religieux trouvèrent, au cours des fouilles exécutées dans l'église, dix-neuf sépultures renfermant toutes des ossements, à l'exception d'une seule. Sous le Crucifix, à l'endroit où avait été autrefois placé le grand autel, on rencontra, à droite et à gauche des murs de fondation (ou peut-être du massif de maçonnerie destiné à supporter cet autel), des caveaux de six pieds et demi de profondeur, sans doute aussi remplis d'ossements. Les moines réunirent tous les restes qu'ils avaient exhumés, sans se préoccuper beaucoup, semble-t-il, de savoir à qui ils avaient appartenu, et les placèrent dans un tombeau qui était au devant de la statue ou de l'autel de saint Éloi. Au cours de ces fouilles, on trouva un anneau d'or à

---

(1) Cœmeterium quoque ejus loci propria manu benedixit et altare in honore semper benedictæ Trinitatis consecravit, ac presbyteros qui curarent ea quæ ad ecclesiasticæ sepulturæ pertinent officium, ordinavit. Unde plures episcopi sepulti sunt, corpore fundatoris ibidem jacente (Bernard Gui, *op. cit.*)

(2) Chron. de Pierre Coral, manuscrit latin 5352 de la Bibl. nationale, fol. 106.

deux chatons, garnis l'un d'un saphir et l'autre d'un camée (1). Pierre Coral le fit mettre au reliquaire en forme de bras que l'abbé Bernard, ancien prieur de Solignac, avait donné pour recevoir la relique de saint Martin de Tours. On recueillit aussi un cercle d'or provenant des gants d'un évêque, des fils d'or en assez grande quantité et d'autres objets dont les moines ne purent connaître la valeur ni la nature, les ouvriers les ayant volés (2).

Il existait donc, sur ce point, au moins une sépulture épiscopale. Mais quel prélat pouvait avoir été enterré dans cette partie de l'église? Coral, qui était fort au courant de toutes les traditions de la maison et qui connaissait ses archives, se pose la question et ne peut la résoudre. « Je n'ai lu nulle part, déclare-t-il, que le corps d'aucun évêque ait été enseveli dans l'église de Saint-Martin, à l'exception d'Hilduin, et celui-ci avait été déposé dans un autre endroit », — précisément devant l'autel de Saint-Eloi, où on inhuma tous les ossements recueillis dans les diverses sépultures qui avaient été rencontrées.

D'autres tombeaux furent découverts à des dates postérieures; mais nous ne possédons aucune indication sur les personnages dont on déplaça les restes au cours des nombreux travaux de réparation ou de reconstruction exécutés aux bâtiments du monastère. Il est à présumer que les trouvailles de ce genre n'ont même pas été toutes mentionnées. Legros en signale une en 1631, dans sa *Chronique des Evêques de Limoges*. — Pour troubler les morts, la foudre même se mettait de la partie : le 29 septembre 1271, le tonnerre tomba dans le cimetière de Saint-Martin et y creusa une profonde excavation (3).

(1) Le mot *Camaïeu* s'applique aux onyx et aux agates, mais surtout, semble-t-il (v. le D^{re} de Trévoux) lorsqu'elles sont travaillées et que le graveur a interprété et précisé les dessins naturels que porte la pierre.

(2) Invenimus decem et novem vasa in monasterio, et in omnibus erant ossa, excepto uno; et subtus Crucifixum invenimus locum ubi quondam fuit altare majus, et in qualibet parte juxta parietes, invenimus unum [vas?]; et unum sex pedibus et dimidii (*sic*) concavum erat. Et omnia ossa sepelivimus in quodam vase ante Beatum Eligium. Ibi etiam inventus fuit annulus aureus qui est in brachio S. Martini, quem ego ibi poni feci, ubi sunt duo *chasto*; et erant ibi duo lapides, saphirus et camaicus... Quando annulus, de quo dixi superius, est inventus, erat in quodam vase circulus aureus quem episcopi habent in cirotecis suis quando celebrant, et fila aurea fuerunt ibidem satis reperta, et quedam alia de quibus nullam certitudinem habere potuimus, qui[a?] operarii furati fuerunt. Nec legi hic episcopum fuisse sepultum, nisi dominum Heldoinum, qui erat alibi (Man. lat. 5452, fol. 108 et 109).

(3) Magnam caveam faciens (Coral).

Lorsqu'après la mort de Mademoiselle de Brettes, la ville, à la suite d'arrangements avec les héritiers de la vénérable chanoinesse, prit possession d'une partie des terrains qui formaient autrefois l'enclos de l'abbaye de Saint-Martin, le premier soin de l'administration fut de faire démolir les bâtiments. Le service municipal de la voirie procéda ensuite aux nivellements et aux terrassements nécessaires pour l'assiette des rues projetées. On dut opérer des décaissements considérables. Un grand nombre d'objets intéressants furent sans doute rencontrés durant ces travaux ; mais ils furent gardés par les ouvriers dont la pioche les avait exhumés, et aucun ne paraît avoir été l'objet d'une étude un peu sérieuse. Nous avons quelques raisons de penser que plusieurs de ces objets furent vendus au loin.

Un terrassier toutefois remit à M. Pierre Pallier, alors agent-voyer de la ville, deux fragments en cuivre, qu'il lui dit avoir trouvés dans une sépulture, à l'intérieur de l'église ou tout auprès. Ces deux fragments, qui paraissent avoir appartenu au même objet, ont été depuis trente-cinq ans conservés dans la famille Pallier ; celle ci a bien voulu nous les confier et il nous a été permis de les communiquer récemment à la Société archéologique et historique du Limousin. Nous devons à l'obligeant et habile crayon de notre excellent confrère M. Gérardin, le très fidèle dessin de ces deux objets qui accompagne notre notice.

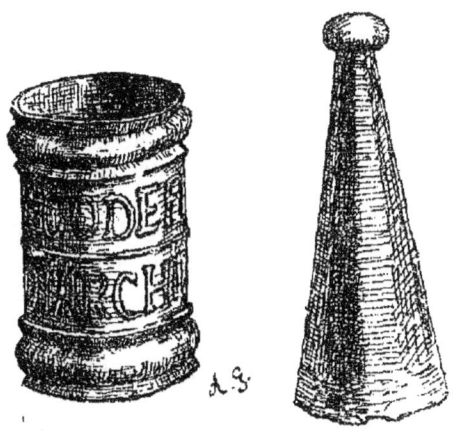

Ces fragments proviennent d'une crosse placée dans la sépulture d'un prélat. Le moins important est une bouterolle d'environ 50 millimètres de longueur, y compris la boule un peu aplatie qui la termine. Cette bouterolle, assez forte et n'offrant ni décor, ni particularité quelconque, est percée, dans sa partie supérieure, d'un seul trou, destiné sans doute au passage du clou de la virolle qui la fixait à la hampe.

Le second fragment offre plus d'intérêt : c'est une douille cylindrique qui paraît avoir été dorée ; elle a 34 millimètres de hauteur 20 de diamètre intérieur. L'épaisseur du cuivre ne dépasse pas . millimètre. Cette douille présente, à son extrémité supérieure et à son extrémité inférieure, une sorte d'anneau, de 8 millimètres et demi environ de haut, offrant au milieu un renflement ou cordon n'ayant pas moins de 2 millimètres de relief. Dans le champ circulaire qui s'étend entre les deux anneaux, on lit une inscription, disposée sur deux lignes, que sépare un mince filet divisant ce champ en deux parties d'égale hauteur.

Cette inscription est ainsi conçue :

† : Godefridus gra[cia]
D[e]i archiepiscopus.

† : GODEFRIDVSGRA
DIARCHIEPISCOPVS

Les caractères sont assez irréguliers et d'inégales dimensions; leur hauteur varie de sept à huit millimètres et demi. Ils appartiennent au type roman, et paraissent accuser le xe ou le xie siècle, peut-être le xiie. Ils ont été, comme le filet qui sépare les deux lignes de l'inscription, gravés dans le cuivre, et les trous ronds ayant servi de points de repère pour le tracé des lettres, traversent complètement le métal ; il en est de même des principaux jambages, qui sont à jour. Les creux ont été remplis au marteau avec des incrustations d'argent. La nature du métal est attestée par la couleur noire de l'oxyde qui s'est formé à sa surface.

Aucune particularité caractéristique à noter dans le dessin des lettres de cette inscription, — qui est du reste fort lisible, — si ce n'est le trait horizontal qui couronne l'A, sa traverse en ligne brisée et la forme allongée des E. A signaler encore ce détail : dans le mot *Archiepiscopus*, l'O a été inscrit dans la panse du C. Le graveur a remédié par cet expédient au manque d'espace et a pu, en gagnant ainsi la largeur d'une lettre, laisser aux autres caractères de l'inscription des dimensions sinon égales, du moins à peu près en rapport les unes avec les autres. Au total, il n'y a là aucune indication décisive : des inscriptions du neuvième siècle et des inscriptions du treizième offrent des caractères de ce type. Il faut même reconnaître que les lettres ci-dessus n'ont pas un aspect très archaïque, et que l'inscription d'un caractère à l'intérieur d'un autre dénote seul une date reculée.

Il est fâcheux que nous ne possédions pas la volute ou la tête du *tau* formant la partie supérieure de cette crosse, dont les trois éléments principaux nous eussent été ainsi conservés. Peut-être le fragment qui nous manque avait-il été séparé depuis longtemps de ceux que nous possédons. Il n'y a dans cette hypothèse rien que de très vraisemblable : Nous avons vu que les morts dont les restes avaient été confiés à l'église ou au cimetière de Saint-Martin furent souvent troublés dans leur repos. Peut-être aussi la volute avait-elle été enlevée par un des camarades de l'ouvrier qui remit sa trouvaille à M. Pallier. Quant à la hampe, en bois selon toute apparence, elle devait être depuis longtemps tombée en poussière.

L'inscription de la crosse de Saint-Martin n'est pas la seule de ce genre qui ait été signalée ; mais les crosses portant un nom sont assez rares. Le P. Martin (*Le Bâton pastoral dans ses formes successives*, tome IV, p. 63 des *Mélanges d'archéologie*) en mentionne deux. La plus récente appartient au xive siècle ; la fig. 126 de l'ouvrage la reproduit. L'autre est du xiiie, mais d'un caractère archaïque assez prononcé. Elle porte le nom d'Othon, évêque d'Hildesheim de 1260 à 1279. L'inscription est ainsi conçue :

† : OTTO : EPC : T HILDENS

Nous ne sachions pas qu'aucun objet de cette nature ait été découvert dans notre région. La crosse de Gérald I, évêque de Limoges, mort en 1022, qui fut trouvée il y a un demi siècle dans son tombeau, à Charroux, n'était qu'un simple *tau* et ne portait aucune inscription.

La mention, sur notre crosse, du nom et de la qualité du personnage entre les mains duquel elle avait été placée lors de son inhumation, nous porte à penser que cette crosse avait été fabriquée exprès pour cette destination et que l'inscription gravée autour de la douille trouvée à Saint-Martin, est une inscription commémorative en quelque sorte, destinée à constater l'identité du mort et à le faire reconnaître lors d'exhumations dont on avait toutes sortes de bonnes raisons, au moyen âge, pour prévoir l'éventualité, — et non une mention ayant seulement pour but d'indiquer le propriétaire de l'objet.

Tel est d'ailleurs l'avis d'un archéologue aussi bienveillant que distingué, particulièrement versé dans la connaissance de tout ce qui se rapporte à la liturgie, aux usages ecclésiastiques et aux ornements sacerdotaux : Mgr Barbier de Montault, que nous avons consulté au sujet des fragments, objet de cette étude, estime que les crosses *nommées* sont toutes destinées à être placées, en manière de *pitacium*, dans le cercueil du personnage dont elles portent le nom.

Reste à savoir à quel prélat se rapporte l'inscription. Cette attribution devrait être la partie principale de notre étude ; car si les fragments recueillis à Saint-Martin méritent d'appeler l'attention des archéologues et d'être décrits avec soin, ils posent un petit problème historique dont la solution présenterait un certain intérêt.

L'objet, en lui-même, n'indique pas sa date. Ni son dessin, ni sa fabrication, ni l'ensemble de son aspect ne fournissent d'éléments d'appréciation à cet égard. L'inscription, on l'a vu, ne peut nous permettre de fixer que très approximativement l'époque à laquelle il appartient. Nous avons déjà dit que les caractères paraissent la faire remonter au xe ou xie siècle, au xiie moins probablement. On trouve, dans les titres d'origine limousine de cette période, dans les manuscrits de Saint-Martial conservés à la Bibliothèque nationale en particulier, et sur un petit nombre de textes lapidaires, des graphismes se rapprochant beaucoup de ceux de notre inscription. Il est difficile d'admettre que celle-ci n'appartienne qu'au xiiie siècle, malgré le retard, bien constaté par les paléographes, dans l'évolution de l'écriture en Limousin. — Impossible de la ramener à une date postérieure.

Or, dans la liste des bienfaiteurs de Saint-Martin donnée par Coral (1) ne figure pas un seul archevêque, pas même un personnage du nom de Geoffroi. Aucune de nos chroniques, aucune pièce de nos archives ne mentionne, du xe au xive siècle, la mort ou l'inhumation, à Limoges, d'un archevêque portant ce nom. Nous ne croyons même pas que la présence d'aucun Geoffroi revêtu de la dignité archiépiscopale, soit signalée au cours de cette période,

---

(1) *Historiens de France*, t. XXI, p. 799.

à la seule exception de Geoffroi II, archevêque de Bordeaux, qui, en 1028, assista à la dédicace de la basilique du Saint-Sauveur.

Mais il n'y a aucune raison de croire que ce prélat ait fait un autre séjour dans notre ville, ni qu'aucun lien l'ait rattaché au Limousin. Nous savons d'autre part que Geoffroi II, mort à Bordeaux le 6 des ides de juillet 1043, fut enterré à Saint-Séverin.

Un autre archevêque de Bordeaux porta, dans le cours du xiie siècle, ce nom de Geoffroi : Geoffroi III de Loroux, décédé le 18 juillet 1158, après un épiscopat d'environ vingt-deux années. Mais il n'est pas probable que ce prélat soit venu à Limoges, et quoi qu'il en soit, le lieu de la sépulture de celui-là encore est bien connu : son corps fut déposé dans la chapelle de la Sainte-Vierge de son église métropolitaine.

Quant à Geoffroi I, qui siégea de 982 à 989 (?), il est nommé à un seul document : la charte de fondation de l'abbaye de Saint-Sever, qu'il souscrivit en 982. Rien n'atteste qu'il soit venu en Limousin ; mais les archevêques de Bordeaux avaient leur place aux grandes solennités religieuses de toute la région. Nous avons vu plus haut Geoffroi II figurer parmi les prélats qui rehaussèrent de leur présence l'éclat des fêtes de 1028 ; Bertrand assiste, en 1165, à la dédicace de la basilique de Notre-Dame de Grandmont ; vingt-quatre ans plus tard, en 1189, Elie est nommé aux cérémonies de la relevation des restes de saint Etienne de Muret, et la présence du propre successeur de Geoffroi I, Gombaud, en Limousin, est signalée près de deux cents ans plus tôt : Geoffroi I lui-même a donc bien pu venir en Limousin, y mourir et y être inhumé ; car on ne connaît ni la date, ni le lieu, ni les circonstances de sa mort, et on ignore où furent déposés ses restes.

Rien d'un autre côté, dans l'aspect des fragments que nous venons d'étudier, ne contredit cette attribution. Enfin, nous ne voyons par ailleurs aucun fait historique de nature à infirmer une hypothèse dont la difficulté même que nous trouverions à en formuler une autre constitue peut-être la principale valeur.

Aucun des prélats qui ont occupé le siège métropolitain de Bourges durant la période indiquée plus haut n'a porté le nom de Geoffroi. — Geoffroi de Vergy, archevêque de Lyon, mort en 1069, — Guifred de Cerdagne, archevêque de Narbonne, mort en 1079, — Geoffroi de La Lande, archevêque de Tours, mort en 1208, — les deux Geoffroi, archevêques de Besançon en 947 et 1236, — Geoffroi, de Rouen en 1128, n'ont eu aucun rapport avec le diocèse de Limoges. Nous nous en tenons donc à notre hypothèse, ne trouvant pas autre chose à offrir à nos lecteurs pour conclusion de nos recherches.

— 16 —

On voudra bien toutefois ne pas trop s'étonner que nous laissions sans réponse précise le point d'interrogation posé aux savants et aux curieux par l'inscription de la crosse de l'abbaye de Saint-Martin-lès-Limoges. Pierre Coral, lui-même, de six siècles et demi plus rapproché que nous de la date de l'inhumation des grands personnages déposés dans le monastère, n'a-t-il pas dû, on l'a vu plus haut, renoncer à trouver la solution d'un tout semblable problème? Et qui sait? Peut-être l'anneau pastoral, le cercle doré et les restes d'ornements pontificaux découverts au cours des fouilles de 1243 par les religieux du monastère, provenaient-ils, eux aussi, de la tombe déjà profanée de cet archevêque Geoffroi, dont les terrassements de 1862 et 1863 seulement devaient faire exhumer la crosse... Il n'y aurait ainsi qu'un seul problème à résoudre, et la question que nous nous posons aujourd'hui serait celle-là même que se posait l'auteur de la grande chronique de Saint-Martin.

Louis Guibert.

www.ingramcontent.com/pod-product-compliance
Lightning Source LLC
Chambersburg PA
CBHW070428080426
42450CB00030B/1833